JN418066

그 얼굴에 입술을 대다

그 얼굴에 입술을 대다

권혁웅 시집

민음의 시 141

민음사

自序

연작에 붙은 숫자는 시가 쓰인 순서지만
시의 배열은 몸이 일러 주는 순서를 따랐다.
바라건대
내 입술이 그의 윤곽을 제대로 더듬었기를.

2007년 10월
권혁웅

차례

2 합合

3 집集

1
이離

목측기(目測記)
—눈 1

내가 너를 가게 했다 내가 시선을 거두자 네가 쓰러졌다 너는 줄을 놓아 버린 인형이었다 무릎에도 팔꿈치에도 목이나 등에도 뼈가 없었다 내게 난 두 개의 두덩은 실타래였다 내가 너를 가게 했다 관절이란 관절은 모두 꺾었고 목은 비틀어 몸 안에 우겨 넣었다 너는 형신(形身)을 놓아 버린 인형이었다 흐느적거리며 너는 무너졌다 내가 너를 가게 했다

상상동물 이야기 15

— 관흉국인(貫胸國人)

해외(海外)의 동남쪽에 관흉국이 있다 이 나라 사람들은 가슴에 구멍이 뚫려 있어서, 귀한 사람을 모셔 갈 때, 앞뒤에 선 사람들이 긴 장대를 가슴에 꽂고 그걸로 귀인을 꿰어 간다

상처 받은 사람을 곧장 떠올린다면
당신도 한때는 관흉국에 살았다
그 사람이 오래된 타일처럼 떨어져 나갔다
대신에 그곳을 바람이 들고 난다

상상동물 이야기 5
— 우로보로스

제 꼬리를 입에 문 뱀을 우로보로스라 부른다 면도칼을 씹는 자해 공갈단처럼 제 몸을 덥석덥석 먹지만 먹은 만큼 자라는 건 이 뱀이 구부린 통파 비슷하게 식물성이라는 뜻이다

우리가 뒤에 두고 온 이들은 누구나 우로보로스를 키운다 그 사람을 통과할 때마다 입 안 가득 물비린내가 난다 씹다 뱉은 것처럼 버려진 후에도 그 사람은 혼자서 애를 낳고 몸을 풀고 그리고 죽어 갔다

가장 단순하고 무서운 미로는
사막과 도서관, 평행선 그리고 출구를 먹어 버린 뱀이다
거기서 벗어날 수가 없다

수국
— 젖가슴 6

귀신사(歸信寺)* 한구석에 잘 빨아, 널린 수국(水菊)들
B컵이거나 C컵이다 오종종한 꽃잎이
제법인 레이스 문양이다 저 많은 가슴들을 벗어 놓고
그녀가 어디로 갔는지는 묻지 마라
개울에 얼비쳐 흐르는 꽃잎들을
어떻게 다 뜯어냈는지는 헤아리지 마라
믿음은 절로 가고 몸은 서해로 가는 것
땅 끝을 찾아가 데려온 여자처럼 고개를 돌리면
사라지는 것
소금 기둥처럼 풀어져 바다에 몸을 섞는
그 여자를 만질 수 있다고 생각하지 마라
도금한 부처도 그대 눈빛도 다 서향(西向)이지만
그 여자, 저물며 반짝이며 그대를
단 한 번 돌아볼 테지만

* 전북 김제 모악산 기슭에 있는 절 이름.

고인 물 사라진 자리에 남은 얼룩처럼
— 젖가슴 5

그 뒤뚱거리는 슬픔은 전족과 같고 그 동그란 울음은 상투와 같으나 그것은 아무것도 후회하지 않았을 것이다 출렁이는 물지게가 엎지른 물을 돌아보지 않음과 같으니 길은 멀고 물은 빨리 말라서 동쳐 맨 슬픔이나 틀어막은 울음에 관해 그 누가 돌아보랴 다만 주위에 여러 겹 두른 자국이 있어 그것이 한때 과녁이었음을 증거하는 것이나 지금 그대가 다른 곳을 쳐다보듯 그것 또한 그대에게서 시선을 거두어 간 것이다 고인 물 사라진 자리에 남은 얼룩처럼, 다만 얼룩처럼

눈사람

— 젖가슴 3

눈사람은 온몸이 가슴이다
큰 가슴 위에 작은 가슴을 얹은 사람이다
그래서 그토록 빨리 녹는 것이다
흔적도 안 남는 것이다

두근거리다
—심장 1

이 타다 만 관목 더미를 어떡해야 옳은가 아니,
내가 모르는 석탄기 지층이 저 아래 숨어 있었나
거기에 침을 묻혀 가며 누군가 적어 넣은 게 있었나
내 안에서 주먹을 쥐었다 폈다 하면서
습자지처럼 얇은 가슴을 구겨 버린 적 있나
거듭해서 문질러 펴도 쪼글쪼글한 슬픔이나
두 개의 방(房)과 두 개의 실(室)에 저장된 기록을
보존 연한 따위에 상관없이 묻으라는 뜻인가
누군가 소리 내어 읽을 수 없도록
고개를 숙이고 묵독도 할 수 없도록

유혹하다

—심장 5

늑골 근처를 굴러다니는 사과 하나, 이미
벌레 먹고 햇빛 받아 쪼글쪼글해졌으니
오그라드는 게 손발만은 아님을 알겠다
관상동맥이 펌프질하는 것이
조바심이거나 늙은 향기라는 사실을
산달을 넘겨 다 깨진 산통 앞에서야 깨닫는다
내가 낙원에 도착하지 못하여 나뭇잎으로
옷을 해 입거나 생선을 굽지 못했으니
한 조각 목젖으로 남는 게 있기는 있을 것인가
이 구르는 낙과에도 이끼는 낄 것인가

수많은 실금이 없었다면

—입술 2

담벼락에 난 범퍼 자국처럼 그것은 쪼글쪼글했습니다 하지만 담은 문이 아니어서 저 무시무시한 내면은 지금 고요합니다 견딜 수 없는 것을 견디고 막을 수 없는 것을 막아선 막무가내가 바람 빠진 풍선처럼 그것에 주름을 새겼습니다 수많은 실금이 없었다면 그것은 집도 차도 차 안의 그도 삼켜 버렸을 겁니다 물론 서툰 그도 조마조마하게 그곳을 지나쳐 갔을 테지요

한 겹 풍경을 열고 들어가면

—입술 3

거기에는 촘촘히 심긴 가로수들이 있었습니다 그가 지나간 쪽으로 나무들이 앞 다퉈 잎을 내곤 했습니다 웃음이거나 울음인 것들을 매달고 나무는 지금 무성합니다 거기엔 분절도 단락도 없어서, 물관을 바쁘게 오르내리는 홑소리들만 분주했습니다 나는 몇 번이고 그곳을 지나갔습니다 그때마다 내 손끝은 생장점을 품은 듯 저려 왔지만, 그것이 목측(目測)을 가로막는 목책인 줄은 몰랐습니다 그렇게 촘촘하던 이유마저는 몰랐습니다

혀끝에 맴도는 이름*

—입술 6

그녀가 내 입 안에서 윤곽을 이루었습니다
긴 머리카락이 식도를 타고 흐르거나
실개천에 놓인 징검돌처럼
젖은 얼굴이 만져지기도 했습니다
내가 머뭇거리면
수위를 넘은 물방울들이 그녀를
퍽, 하고 흩뜨리곤 했습니다
그것은 수사(修辭)도 수격(手格)도 아니었으나
공들이지 않으면 하나의 표정도
지어낼 수 없었습니다
성과 이름 사이 가로놓인
긴 가계를 건너갈 수 없었습니다
단 한 번 돌아보는 게
어떤 이에겐 평생이 필요한 일이었습니다
지나간 후에야 다 이루는 일이었습니다

* 파스칼 키냐르의 소설 제목.

미열(微熱)에 들다

‘그 무엇이 내 안에서 꿈을 꾸었다’와 ‘나는 꿈을 꾸었다’ 사이에는 우주의 시간이 들어 있다. 그러나 무엇이 더 진실일까?

— 아도르노

신열(身熱)이 내 몸의 고도에
등고선 한 줄을 더 적어 넣을 때
이마는 햇빛과 그늘을 반씩 섞은 평상(平床)이다
이 빠진 꿈이 있었던 게지
역위(逆胃)나 급체가 흘리고 온
퍼즐의 조각이 있었던 게지
낮잠 자다 일어나, 여기가 어디지?
두리번거릴 때처럼
나는 그 어리둥절에 몸을 실어 떠내려간다
고도가 교체한 풍경과
햇빛이 옮겨 간 그늘과
너울거림이 데려간 꿈,
거기에 잠시 엉덩이를 붙이고 간 사람이 있었다
몇 조각 그늘을 뜯어 간 사람이 있었다

나는 이마를 짚어 그가 앉았다 일어난 자리를
가만히 쓸어 볼 뿐이다
나는 그 조각이었지
조각이 빠진 전체가 아니었다고

처마 아래서

겨울비가 손가락을 짚어 가며 숫자를 센다
더딘 저녁, 누군가를 오래 세워 둔 적이 있었나
여러 번 머뭇거린 뒤꿈치가 만든
뭉개진 자리가 나란하다 창밖을 서성대던
들쑥날쑥한 머리통들 가운데 몇몇이
어느새 방 안에까지 들어와 있었나
검게 엉킨 실타래들을 풀지 못해
한 벌 수의도 지어 주지 못했나
나 간다 이번엔 정말 간다고
카운트다운을 하는 겨울비, 반에서
반의 반으로 다시 반의 반의 반으로
끊임없이 숫자를 줄여 가는 저 겨울비

저 일몰

그대 마음이 만만(滿滿)했다고
내가 거둬 낸 건 거품일 뿐이라고
터진 미더덕에 덴 혀로
더듬거리는 저녁이 내게도 있었지
저 일몰 어디쯤
내가 앉기를 거절한 저녁 식사 자리가
마련되기도 했을지 몰라
그래서 온통 붉었던 건지도 몰라
레인지에 올려 둔 해물탕처럼 딱 한 번
끓어 넘치고는
굳기름처럼 어두워졌을지 몰라
입가에 묻은 술기를 닦아 내며
먼 곳의 취기거나
수위를 가늠하는 시간, 나도
미역처럼 머리를 푼 여자와
못생긴 아이 하나쯤은 데리고 올 수 있었다고
풀죽은 미나리가 동서(東西)를 모르듯
여기까지 오려고 온 것은 아니라고

상상동물 이야기 11

—강시

온몸을 곧추세운 채 통통거리며 걸어오던 강시를 영화에서 자주 보았다 부적을 얼굴에 붙이지 않는 한 강시는 끝까지 나를 따라온다

내가 사진 속에 가둔 자들도 그렇다 검은 펜으로 얼굴을 지우지 않는 한, 그들은 사진 속 모습 그대로 통통거리며 다가온다

해변이거나 산정이거나 사무실이거나 가리지 않고,
그들은 손으로 V자를 그리거나 선글라스를 쓴 채로
다가온다, 다 내게로 온다

상상동물 이야기 10
—갓파

일본의 강이나 호수에는 갓파〔河童〕라는 요괴가 산다 바가지 머리에 물을 담고 사는데, 머리 위의 물이 마르면 죽어 버린다

한 여자가 절레절레 고개를 저으며 지나갔다 누가 이 안의 사람을 좀 덜어 갔으면 하는 눈치다

마음의 물기가 말라 버석거리면 그렇게 엉뚱한 아이 하나 남을 뿐이다 그 사람의 성(姓)을 이어받은 이상한 아이가 그대를 따라올지도 모른다

갓파는 두 팔이 이어져 있어서 한 팔을 당기면 다른 팔이 딸려 나온다 그 사람 역시 그대를 잘못 밀고 당겼을 게다

청춘 1

그대 다시는 그 눈밭을 걸어가지 못하리라
그대가 낸 길을 눈들이 서둘러 덮어 버렸으니
붕대도 거즈도 없이
돌아갈 길을 지그시 눌러 버렸으니

2

합合

섬
—코 1

조그만 향기에도 출렁이는 섬이 있다고 합시다
익사가 아니면 익명이라고 합시다
들고 나는 일이 부등가교환이어서
한 번 든 이들이 무덤처럼 쌓여 갔다고 그래서
그곳이 무인도거나 선산 같은
위장 전입한 주인의 몫이라고 합시다 그가 없는데도
물 풍선처럼 터지는 향기를 어떡해야 하겠습니까
멱따는 소리로 꿀꿀대는 이 안절부절을
어디에 버려야 하겠습니까

마흔한 번의 낮과 밤

계속해야 한다. 계속할 수 없지만, 계속할 것이다.
— 베케트

이를테면 심장 근처에도 약음기(弱音器)라는 게 있어서 떨리는 줄을 지그시 누를 수 있으면 좋겠다 서로 다른 선(線)이 공명을 부를 터이니 이 문장이 다른 문장과 만나 조용히 어두워지면 좋겠다 소리에도 색이 있다면 내가 디딘 계단은 무채색의 반음계여도 좋겠다 그가 내려올까 말까 망설일 때 내가 이 못갖춘마디를 먼저 올라갔으면 좋겠다 그래서 줄에 걸린 심장의 두근거림이 천천히 잦아든다면, 그게 어두워지는 것이라면, 그렇게 눈을 감는 것이라면

서른아홉 번의 낮과 밤

> 주름은 물질과 영혼, 파사드와 닫힌 방, 외부와 내부를 분리하거나 그 사이를 통과한다. ……이것은 영혼 안에서 현실화되고 물질 안에서 실재화된다. 이것이 바로크의 특질이다.
>
> —들뢰즈

내 영혼이 눈가에 자리 잡고 있음을 가르쳐 준 것은 거울이 아니다 너의 만곡(彎曲)을 더듬던 시선이 어쩔 줄 모르고 돌아오는 길도 모르고

그냥 모퉁이에 멈춰 선 것이라고 하면 어떨까 그늘이나 숨결이 긁어 댄 범퍼 자국 같은 거라고 하면 안 될까 언젠가 한 번은 네가 이곳을 지나쳐 갔다고

깜박일 때마다 네가 그 막간(幕間)에 갇혔던 거라고 아니면 활동사진처럼 뒤뚱거리며 멀어져 간 거라고 그예 모퉁이를 돌아간 거라고

진흙 얼굴*

내 진흙으로 모르는 얼굴 하나 짓는다면
손톱으로 코 밑에 기다란 틈 하나 냈을 것이다
거기서 음보나 음절 따위가
새어 나올 리야 없겠지만
살의 일은 살에게 맡겨야 할 터이니
말라 가는 물기가 뜯어 가는
비죽거림이 어쩌면 있기도 있었을 것이다
앞과 뒤가 똑같은 자루거나
엎어 둔 항아리처럼 위아래가 바뀌었다 해도
진흙이 부르는 노래란
내 손끝의 점성(粘性)이었을 터이니
부스러진 가루도 몇 낱의 속삭임이 아니었겠나
기어이 떨어져 나갈 턱이 준비하는 것은
허공에 내어 줄 경악이 아니겠나
푸석한 얼굴을 쓸며
인중(人中)이 닮은 사람들이 그러하듯
나는 그 얼굴에 내 입술을 대어 본다

* 송재학 시인의 시 제목을 빌리다.

떨다

—심장 3

네모난 기름통 안에서 굳은 선지를 퍼내듯
마음을 덜어 내야 할 때가 있다네
떠낸 자리에 서둘러 모여드는 물도 없이
천천히 다독이는
저 수평의 손길도 없이
떼꾼한 구멍을 들여다봐야 할 때가 있다네
각 잡은 마음이 슬며시 갖다 댄 딜도처럼
부르르 흔들릴 때가 있다네
잘못 퍼다 준 숟가락이 있었나?
풀 죽은 우거지는 누구 얼굴이었나?
양철 판에 어룽대는 신열(身熱)은
지나는 발자국 소리에도 벌건 제 몸을
바람벽에 기댄다네

만지다

—심장 6

젖은 손으로 일출을 보듬은 적 있나
근시가 가늠한 저 밖의 울혈을 긁어모아
오목한 손바닥에 담아 본 적 있나
온몸을 돌아 나가는 유리 조각들이
여기 모여 섬과 섬 사이 경계를 이루었으니
내 몸의 울돌목은 하루에 두 번,
다도해 섬들을 보듬으며 뒤척였으니
목젖 깊숙이 낚싯줄을 드리운 적 있나
젖은 무게를 감당한 적 있나 그예
석류처럼 탁 터지고 마는
수박처럼 쩍 갈라지고 마는

손짓

1

그녀가 팔을 들어 나를 부를 때 나는 회고주의자가 된다* 반소매 안에 언뜻 비친 순(筍)은 내가 돌아갈 고향이다 그녀 팔이 만드는 점강법(漸降法)이란 이미 저 구릉의 일부인 것, 모르는 데서 자란 풀이 언덕을 타고 오르듯 한쪽 방향으로 쓸려 간 가지런함은 내가 잠시 머리를 뉘었다는 뜻이다

2

그녀가 나를 부르고 팔을 내릴 때 내 회고주의는 완성된다 그녀의 팔은 뜯어낸 마루 밑, 숨죽인 사금파리 같은 나를 숨긴다 나의 먼지는 대괄호와 같은 것이어서 그릇의 내면은 빛난다 살의 일을 다 살에게 맡기고 나면 창살에 머리를 박는 수인(囚人)처럼 심장은 갈빗대 안에서 두근댈 것이다

* "현대식 교량을 건널 때마다 나는 갑자기 회고주의자가 된다"(김수영, 「현대식 교량」에서 인용.)

검은 물 밑에서

머리카락 사이에 넣은 이 손가락은 수위표(水位標)다 아, 너는 이만큼 잠겼구나 파인 하상(河床)은 내 손아귀가 만든 온기이거나 소리 없는 비명일 테지만, 둘째나 셋째 마디 아래서도 네 숨결은 하류를 찾아간다 이곳에 이르기 위해 오랜 시선이 필요했다고, 부딪히고 깎여 작아진 모래들이 여울을 이루어 뒤척였다고, 그래서 이렇게 낮은 데로 모였다고

너는 젖은 얼굴을 들어
나를 올려다본다

디스크

당신은 스물세 장의 디스크를 가졌다 한때의 노래와 영상을 기록해 둔 곳이다 어느 날 감당할 수 없는 무게가 당신의 어깨 위에 내려앉았다 당신의 자세는 오래 부적절해서, 당신은 기록물 가운데 한 장을 잃었다 종로1가에서 4가까지가 한순간에 쓸려 내려갔다

내가 당신의 늑골을 하나씩 만질 때, 당신은 떨다가 한숨을 쉬다가 눈을 감았다 내가 당신의 계단을 하나씩 오를 때, 당신은 무서워하다가 슬퍼하다가 이내 잠들었다 웅크린 채 꿈속에서 다른 꿈을 꾸었다 당신은 오래도록 물음표였으나 여러 생각이 아우성치며 당신에게 달려들었다

이제 당신은 재채기 한 번에도 온힘을 다해야 한다 늑골을 가만히 디디며 천천히 계단을 내려가야 한다 당신은 종로1가에서 4가까지를 단번에 질러갈 수 없을 것이다 꼿꼿이 걸어갈 수는 없을 것이다 5가나 6가 어디쯤에서 내가 오래도록 당신을 기다리고 있다고 해도

다시, 목련의 알리바이

목련 그늘 아래서 빨래는 금세 더러워진다
꼭꼭 여민 고백이 어느새 갈변이다
토스터에서 방금 나온 식빵처럼
네모내진 여자가
일남일녀를 데리고 문밖을 지나간다
마른침 넘어가듯 꽃잎 얇아지는 소리 들린다
그늘이 만들어 낸 커브를 따라가면
휘어 있는 길 저쪽에서 이를테면 열두 시 방향에서
그녀가 날 기다리고 있을 것도 같다
그때 목련은 허파꽈리처럼 무성했지
천식 환자 모양으로 꾸부정한 나무가
툭툭 뱉어 내던 목련, 이제 너무 많은 그늘을 잃고
햇빛을 따라 잃고
어느새 길마저 지워지고 있다
물 없이 삼킨 식빵처럼 나는 뻑뻑해져서
제 목을 부러뜨린 귀신들이
크고 넓은 초록 자리를 펴는 것을 본다

폭풍 속으로
—코 3

재채기는 시속 천이십 킬로미터입니다 음속의 팔십오 퍼센트지요 음속 폭음(sonic boom)을 아십니까? 내가 조금만 더 급했다면 당신의 어깨를 흔들고 늑골을 부수었을 것입니다 고개를 꺾고 팔다리를 비틀었을 것입니다 흩어진 당신을 먼 곳에 데려다 놓았을 것입니다 아무도 그 마을에 이른 적 없으므로 당신은 지금 고요합니다 먼지로 지은 손을 들어 당신을 가리키지 않았으므로 당신은 지금 낡은 바람벽입니다 침과 가루로 반죽한 나는 당신 앞에 선 자로서, 간신히, 전속력입니다

우레의 근원
—귀 5

작은 먼지 뭉치 하나가 머릿속을 떠돌아다녀요 내 머리를 뒤덮은 먹장구름의 전원(電源)이죠 우르르 쏟아지며 왼쪽에서 오른쪽으로 혹은 그 반대로 산과 골짜기를 타넘어 오는 게 있어요 산이 무너지고 골짜기가 메워졌다 해도 이 노년기 지형을 덮은 음양의 굴곡은 사라지지 않았을 겁니다 수유(須臾)의 번쩍임과 그 뒤를 따라오는 먼지들의 함성만이 잘게 부스러진 내재율을 증거할 뿐이죠 누군가 내 안에서 스위치를 켰던 겁니다 파닥거리며 내가 뒤척였던 겁니다

나비 떼, 나비 떼!
—귀 3

나비에 제 마음을 의탁한 자들의 취생몽사는 덧없다 비틀거리는 커다란 귀들이 봄 산을 넘어온다 꽃들이 허락하는 그림자의 무늬를 기록하려 나비는 물에 젖은 종이처럼, 함부로 눕는 취객처럼 꽃 사이로 스며든다 봄날의 연서란 나비 날개가 만드는 두 장의 종잇장이다 겨우 맛들면 낫다는 듯이 팔랑거리며, 간신히, 버림받으며,

저녁의 인사 1

—코 4

저녁을 맞는 건 어두워지는 게 아니다
그건 곱걸어 매는 매듭으로 코를 동쳐 맨다는 뜻,
회를 뜬 후에 수족관에 다시 넣은 물고기처럼
비린내 가득한 저녁이 헤엄쳐 온다
저 싱싱한 앙상함이란 게 다 무엇이냐
내 찡그림이란 게
저 유유한 영탄이 아니라면 무엇이냐
네가 오던 방향이 곧 수로여서
축농증을 긁어낸 후 다시 덮은 코처럼
길은 복개천을 흉내 낸다
그 위로 우마(牛馬)와 인파가 지나간다고 해도
그 아래서 너의 낮은 포복은 반드시
나를 찾아낼 것이다 그때 내 몸의 기울기가
너를 맞을지도
코에 건 옭매듭이, 아니 온몸의 제대로근이
너를 향해 풀어질지도
꼬리를 흔들며 유유히 사라지는, 그게 추신(追伸)인
이 저녁에,

저녁의 인사 2

— 젖가슴 7

지그시 동여매고서도 투명한
저 지나침을 저녁이라고 부르자
거기에 얹고 싶은 이 손등을
저녁의 인사라고 하자 단문(短文)으로
급히 적었다고 말하자
어깨를 타고 앉은 저 가는 선이야
저녁의 설렁줄이지
한 번 당기면 캄캄해지고 또 한 번 당기면
그예 눈이 감기는 거지
벽에 걸린 옷이 주춤주춤 말라 가는 때
우리는 지하생활자들처럼 하얗고
막 지상에 올라온 것처럼 어지럽고
아니 벽에 걸린 옷이 풀썩 떨어지는 때
우리는 누군가 뒷덜미를 낚아챈 것처럼
화들짝 놀라고,

우물의 깊이
—입술 4

내가 들여다볼 때마다 우물은 출렁이며 내 얼굴을 지웠습니다 눈과 코와 귀가 산지사방으로 흩어졌습니다 파경(破鏡)이 따로 없었습니다 나는 눈이 없어서 눈꺼풀이 없었습니다 코와 귀가 없어서 비린내를 맡을 수도 고백을 들을 수도 없었습니다 한 깊이만 있었습니다 발을 뻗어도 손을 저어도 닿지 않는 깊이만 있었습니다 나는 거울도 없이 천착하고 또 천착하였습니다

겨울 산

—입술 5

숲의 나무들은 전지하지 않습니다
제 몸 어디서나 가지를 냅니다
산의 키를 몇 자씩 더하는 나무들 때문에
겨울 산의 윤곽은 늘 흐릿합니다

그녀가 받아 주었을 때
그를 향해 함부로 터럭이 솟아났을 때
한 나무가 그를 받아 다음 나무에 넘기고
다음 나무가 그 다음 나무에 넘겨
마침내 정상에 이르렀을 때

거기엔 그도 그녀도 없었습니다
묵묵부답인 빈틈만 있었습니다

3
집集

울다
—심장 2

이 돌은 오래 신음해 왔으나 내 듣지 못한 것은
입도 코도 없이 그저 앙다문 표정이었기 때문이다
숨어 있던 치설(齒舌)로 나직이 중얼거린 까닭이다
제 몸에 회문(回文)을 새겨 좌우도 높낮이도 없이
던져졌기 때문이다 지그시 누르는 손바닥 아래
음절도 음보도 없이 펄떡이는 영탄이라니, 대체
누구를 위해 돌은 제 얼굴을 지워 가며 우는 것일까

쥐어짜다

—심장 4

한 덩이 빨래가 마르는 저녁이 있듯이
탈수기처럼 윙윙대는 몸도 있다지
혀끝에서 항문까지 길이란 길은 죄다
꼬였다 풀려 가슴도 피부도 미어질 때
일몰에 놓아둔 머리가
동해를 서성대는 다리를 바라볼 때
중음(中陰)에 든 누군가를
굴젓눈이처럼 바라보는 날이 있다지
얼룩을 닦으면 얼룩이 내게 오고
먼지를 털면 먼지가 내게서 가듯
그렇게 누군가와 몸을 바꾸듯

닫힌 책

—얼굴 1

그는 앙다문 캄캄함이어서 입속에 혀를 말았다
내력을 봉인하여
줄글로도 귀글로도 풀어내지 않았다
석곡(夕哭)도 곡비(哭婢)도 없었다
질러 놓은 빗장처럼 콧날은 분명했으나
향기는 밖으로만 떠돌았다
두 눈이 닿는 곳에 소실점이 있었을 테지만
그것을 그의 것이라고도
풍경의 것이라고도 할 수 없었다
얼굴은 조금 쭈그러들어 있었으나
먼지들이 결 고운 길을 낸 듯도 하였다
누군가 그를 쓰다듬었다
누군가 그에게 오래 기대었다

상상동물 이야기 16
—일비민

팔과 다리가 하나고 머리와 몸통이 반쪽인 사람이 있다 둘을 접붙여야 한 사람이다

세 사람과 차례로 사귀었다가 헤어진 그녀가 내게 말했다 "나는 평생 그 세 사람만을 사랑할 거야"

그녀는 한 사람이 되었다가, 되고자 했다가, 될 것이었다가, 다시 일비민(一臂民)으로 돌아왔다

내려앉는 나뭇잎 하나도 그녀를 피해 갔다 구르던 나뭇잎이 몸을 뒤집을 때, 회전문 저편에서

돌아 들어오지 못한 그녀의 내면이 있었다 외눈과 외귀와 외팔과 외다리가 있었다

상상동물 이야기 12
—구비키레우마

일본 각지를 돌아다니는 목 잘린 말 이름이 구비키레우마다

술 취한 자신을 태운 말이 발길 끊은 정인(情人)의 집에 도착하자, 김유신은 주저 없이 말의 목을 쳤다 술에 절어 옛 사람의 집 번호를 누르는 이들이 가끔 있다 그 사람을 이어 준 게 말이 아니라 손가락이었다면 김유신은 손가락을 잘랐을까?

구비키레우마는 네거리에서 자주 목격 된다
도무지, 어디로, 어떻게든,
갈 데가 없는 것이다 짐작하시겠지만
이 말은 아무에게도 해를 입히지 않는다

비닐 랩 같은 웃음이
—얼굴 2

비닐 랩같이 얇은 웃음이 그를 덮고 있었다 팽팽한 웃음이 입 주변에서 눈가까지 물살이 되어 밀려갔다 자꾸 번져서 그의 입을 지우고 그의 눈을 지우고 이마에 몇 가닥 실금을 말아 올렸다 가는 눈이 가늠하는 수위를 짐작할 수 없었다 비닐 랩같이 얇은 웃음이 그를 동쳐 매고 있었다 질식할 것 같았다

구겨진 종이처럼

—얼굴 3

그가 얼굴을 구겨 가며 울었다 곰곰이 눌러쓰다 지우다 끝내 손아귀가 움켜쥔 종이처럼 눈 코 입이 모여들었다 왼쪽 눈이 오른쪽 눈과 만나 그늘이나 누수를 이루기도 했다 몇 마디 말이 역류하는 하수구처럼 콧등을 넘어왔다 입도 이도 가지런하지 않아서 그의 말은 휘갈겨 쓴 난문이었다 선물인 그 사람을 누군가 가져갔다고 선물을 꺼낸 뒤에 던져진 포장지처럼 자신이 버려졌다고

물 위에 뜬 기름이
—얼굴 4

장마가 모아 놓은 웅덩이 위로 그의 표정이 지나갔다 물 위에 뜬 기름처럼 너무 많은 색깔을 숨기고 있었다 불완전연소의 뒤끝이었다 그가 어깨를 으쓱할 때마다 울컥하며 올라오는 게 있었다 철벅이며 그를 따라갔을 때, 휴면계좌처럼 가라앉은 그의 목소리를 들은 듯도 했다 물 위에 뜬 기름처럼 섞이지 못하는 소리였다

내가 앉은 자리에
—엉덩이 1

내가 앉은 자리에 네가 거듭해서 앉는다면

휘말린 먼지들이 혹은 가라앉고 혹은 떠돌아

동심원 두 개가 고요하다면

거기에 내 손을 가만히 얹는다면

그 자리가 번져 나가 끝내 너를 적신다면

네가 떠난 자리에
—엉덩이 2

네가 떠난 자리에 내가 눕는다면

너와 내가 두 개의 무덤에 나란히 누워

부장(副葬)된 시간을 떠올린다면 혹은

교대로 흔들리며 지금의 너를 따라간다면

몸이 기우는 곳이 네 안쪽이라면

부스러진 모래를 손으로 쓸며

잠시 쉬었다 가라고 뒤에서 너를 당긴다면

달팽이

—귀 6

그가 내게 소리를 들이부었을 때는
배수구를 돌며 빠져나가는 물살이 따로 없었습니다
소리통을 끌고 광장을 기어가던 사람처럼
안에서 움찔, 하는 것이 있었습니다
이 복족류(腹足類)가 지나온 길은
길고 축축하고 반짝거립니다
내 안의 빗각기둥을 무너뜨리며
좌우에서 흔들던 맥놀이도
이 조그만 짐승을 삼키진 못했으므로
제 몸에 지어낸 각질은
다시는 속지 않겠다는 안간힘이 아니었겠습니까
힘겹게 꺼낸 촉수는 이미 먼 길 돌아왔다는
두리번거림이 아니었겠습니까
다만 그 짐승의 가느다란 울음소리가
내 동행이었습니다 돌아보지 않아도 따라오는
이명이었습니다

먼 곳의 불빛
—눈 3

그에게 공들여 불빛 하나 내거는 일, 노란 가래를 돋우듯 제 안에서 온 힘을 다해 끌어올리는 일, 이리저리 떠다니는 계란 노른자처럼 그 사람 쪽으로 중심이 조금 옮겨 가는 일, 그를 배광(背光)으로 두르고 또 두르는 일, 그 빛에 눈이 부셔 마침내 그가 지워질 때까지

그래서 저렇게 글썽인다고

—젖가슴 1

강물이 오래 흘러왔다고 말할까
흐르면서 제가 아는 빛이란 빛은 다 깨부수어
제 몸에 섞었다고 할까
젖꽃판 사이에 얼굴을 묻고 흘렸던 그의 눈물이
종지(終止)도 휴지(休止)도 없이 이어져
저렇게 복리로 불어났다고 말할까
아니면 어떤 작은 입이 오래도록 간절히
저 강의 이름을 불렀다고 할까
단추를 풀고 후크를 끄른 채
울음소리를 찾아 여기까지 왔다고 말할까
제 안에 갈아 넣은 사금파리 때문에
오래 젖몸살을 앓아 왔다고 할까
그래서 저렇게 글썽인다고 말할까

그녀를 먹어 치우다
— 젖가슴 4

사기그릇을 비워 내는 숟가락처럼 나는 덜그럭거린다 저 그릇은 눈 덮인 무덤 같고 그릇에 묻은 현미 몇 알은 무덤 사이로 얼비친 금잔디 같다 아직 춥구나 추워, 사지를 뒤트는 마네킹의 몸짓으로 나는 덜그럭거린다 육탈한 것들을 햇빛에 널어 놓는 순장(殉葬)의 식사, 눈썹 두어 낱과 썰어 놓은 입술 몇 점과 구르는 눈과 늘어진 귀를, 한때의 그녀를 나는 불편하게, 다 파먹었다

회전문과 회전문 사이
—귀 2

회전문을 들고 나는 사람들이 가로수를 그루터기째 바깥으로 옮겨 간다 안이었다가, 안이 될 뻔했다가, 다시 바깥이 되는 나무들

지금 모든 소란과 명령은 당신의 바깥에 있다 당신을 찾아왔다가, 귓바퀴에 말려들었다가, 기어이 빠져나가는 도돌이표들

그 사람의 손가락 하나, 나뭇가지처럼 끼어 있다 당신을 가리켰다가 나가는 길을 찾지 못해 우왕좌왕하는 손가락 하나

건너편에서 누군가
—귀 1

저 벽은 당신의 속삭임을 기억한다 물기를 머금고 늘어진 벽지는 코끼리처럼 슬프다 만화방창하던 꽃 시절은 희미해졌다 벽은 느릿느릿 무거운 몸을 옮겨 왔다 코끼리는 움직일 때 네 개의 기둥을 뽑아 간다고 쓴 적이 있다 여기까지 당신을 따라왔으니 마음도 천 근이었을 게다 말라 버린 핏물을 이끌어 스키드 마크를 새긴 저 압착된 모기들은 어이없다는 따귀 자국이다 면도한 기미도 분칠한 모양도 없이 저 벽은 고요하다 건너편에서 누군가 귀를 대고 당신을 엿듣는 중이다

청춘 2

고무줄놀이 하던 아이가 더 이상 술래하기 싫다며
밥 먹으러 가듯
나 안 해! 하며 시선을 거두는 것
팽팽하게 당기던 눈이 끊어진 줄에 맞아
퉁퉁 부어오르는 것

제가 그은 밑줄 속에 무안(無顔)을
숨겨 두는 것

청춘 3

심야의 고속버스는 운구 행렬이다 나란히 누운 이들이 몽유(夢遊)의 도로 위를 둥둥 떠다닌다 벗어 둔 신발에 고인 추깃물이 넘쳐 바닥에 흐른다 그 위를 지나가는 조그만 호곡(號哭)들,

뒷머리를 한 입씩 베어 먹힌 이들이
0시 20분의 터미널을 걸어 나오고 있다

누군가 그대의 생각을 조금, 아주 조금
덜어 간 것이다

4

산散

상상동물 이야기 1

—유니콘

유니콘(unicorn)의 표식은 뿔에 있다 뿔이 없다면 유니콘은 그저 백마에 지나지 않는다 그래서 유니콘은 이름도 그냥 한 개의 뿔이다 유니콘의 뿔은 그 귀한 백마를 비루먹은 개와 동격에 놓는다 사실 유니콘은 흰말의 몸, 영양의 엉덩이, 사자의 꼬리를 가진 짐승이다 그러나 뿔 앞에서 엉덩이가 무슨 소용이며 꼬리가 무슨 소용인가

혹시 당신 주변에 길길이 날뛰는 자가 있다면
그가 단단히 뿔이 났다면 잘 보아 두시기 바란다
그는 그 뿔에 자신을 전부 걸고 있는 것이다

상상동물 이야기 2
—기린

기린도 튀기다 기린은 사슴과 소 사이에서 났는데 어느 쪽이 모계고 어느 쪽이 부계인지는 확실하지 않다 다만 몸통이 사슴, 꼬리가 소라고 하니 사슴 피가 더 많이 섞인 걸 알겠다 기린도 외뿔 짐승이다 유니콘의 뿔이 각질인 것과 다르게 기린의 뿔은 부드럽다 찔러도 아프지 않다 그의 뿔은 그러니까 굳은살과 같은 것이다

오래 부대껴서 죽은 살을 머리에 얹고,
조심스레 다른 이의 손가락질을 피해 가며 사는 짐승
그래서 기린은 두근두근 걷는다
죽은 풀만 밟는다고 한다

수상기(手相記) 5

당신의 손은 얼레와 같았네 당신이 손을 슬슬 당기면 내 가출은 끝이 났네 방패연에는 송액영복(送厄迎福)이라 쓴다네 나는 액이 되어 나갔으나 돌아온 게 복은 아니었네 나는 사기 가루를 발라서라도 연줄을 끊고 싶었으나

아버지는 무법자였고 방랑을 일삼던 사람이었지
음식 한 그릇 더 달라고 외칠 때 떨리는 그의 목소리*

정작 떠난 건 당신이었네 손을 펴고 고개 숙여 운명과 재물과 감정을 들여다보던 밤, 북서풍이 손 안의 줄을 풀어 멀리까지 당신을 보냈네 마침내 찾아온 평화가 깊고 깊어서 어머니는 밤늦도록 울었는데

당신은 읽고 쓰는 걸 배우지 못했고
선반에는 책이 한 권도 없지**

지금 내게는 책이 아주 많다네 그래서 이렇게 종이를 오려 수많은 연들을 날리는 거지 방패연 한가운데는

동그랗게 뚫려 있다네 구멍이 거기만 있는 것은 아니어서…… 손을 펴고 고개 숙여 당신을 들여다보는 겨울밤이네

* ** 밥 딜런의 노래 「One more cup of coffee」에서.

시계(視界)라는 것

지나가는 자는 지나가라
어쩌면 두 시 방향에서 네 시 방향으로 꼬리뼈가 움직인다면
내가 그를 향해 여덟 시 방향에서 열 시 방향으로
몸의 기울기를 완성한 것인지도
거듭 닦아 반들반들한 선과(善果)를
그에게 건넨 것인지도
거기에 그가 둥글게 비쳐, 까맣게 탄 얼굴로
내 손때를 기억하는 것인지도
오랜 직립의 역사를 완성한 후에
그가 굽은 어깨와 등뼈를 가지게 된 것인지도
그의 아이와 노모가 기다리는 초식성의 한때,
느릿느릿 저작(詛嚼)하는 힘으로
나는 머리를 시멘트 바닥에 비벼 댄다
아버지라는 이름은 너무 힘겹다
그의 얼굴은 맷돌을 거쳐 온 자의 표정이다 그러니,
멈추는 자는 멈춰라
열두 시 방향에서 날짜변경선이
조용히 다가올 것이다

입술 자국만 남을 것이다

— 젖가슴 2

컵 속의 물이 조금씩 줄고 있다
누군가 입을 대고 수유의 한때를 즐기고 있다
생식이란 느릿느릿 말라 가는 오후와 같아서
각도를 일 도씩 낮추며 원목은 뒤틀려 가고
주름의 배치를 바꾸며 커튼은 옮겨 간다
가령 바닥에 흩어진 머리카락은 어디를 가리키는가,
빠져나온 이불은 무엇을 생각하는가,
묻지 않고 대답하지도 않고 그저 막간(幕間)이다
어머니는 언제나 어머니였으며 어머니이고
어머니일 것이지만
어느 날 원목과 커튼이 그분을 못질하고
얼굴을 덮을 것이다 원샷을 끝낸
유리컵만 남을 것이다 보이지 않는
입술 자국만 남을 것이다

환희

1

할머니는 하루 종일 집을 지켰다 이십오 년 동안 지켰다 늘 마루에 앉아 담배를 태웠다 할머니가 떨어뜨린 불씨 때문에 마루에는 늘 동그란 원이 생겼다 거기 갇혀 할머니는 한 갑에 백 원인 환희를 피웠다 환희(歡喜), 평생 계속된 부지하세월에서 잠깐씩 점멸하던 빛을 부르는 이름이었다

2

깡마른 할머니는 대식가였다 플라스틱 바가지 가득 밥을 말아 끓였다가 가스레인지를 망가뜨리기도 했다 집에 돌아오니 울고 있는 할머니 뒤로 반쯤 눌어붙은 바가지가 보였다 마른 몸과 뚱뚱한 식욕 사이에서 할머니는 가느다랗게 울었다 공기(空氣)에 난 실금은 밥알로도 붙일 수 없었다

3

몸져누운 지 한 달 만에 할머니는 세상을 떴다 곡기를 끊은 입 안이 새카맣게 타들어 갔다 그때 당신이 한 일이

란 들숨과 날숨을 마시고 뱉은 일, 보이지 않게 환희를 피운 일 — 요강도 바가지도 UN 성냥도 없이, 둥둥 떠가는 일

4

어머니가 속곳을 벗겨 세탁기에 넣고 돌리자, 고무줄로 칭칭 감은 만 원짜리 열세 장이 물 위에 떠올랐다 잘 빨아 말린 담배가 이만육천 개비였다 끝내 내놓지 않으려 한 할머니의 전 재산이었다 마침내 우리에게 준 당신의 전별금이었다

상상동물 이야기 6
—늑대인간

사람들은 세 가지 방식으로 늑대인간이 된다 양변기 위에서 목을 빼고 울부짖거나 그녀의 옷 속에 함부로 스며들고 싶은 자들 그리고 급여일을 기다리는 이들이 그렇다

첫 번째 사람들은 오래 올라앉아 울다가 결국 피를 보고야 만다 양변기 가득 떠오르는 붉은 만월이 탈장(脫腸)의 추억을 수식할 뿐이다 시도 때도 없는 달거리는 두 번째 사람들에게도 있다

그녀의 옷 속에, 몸속에 둥지를 틀 때까지 그들은 온통 달뜬 상태다 개봉과 밀봉을 반복하는 봉투 운동이 세 번째 사람들의 벌린 입과 핏발 선 눈을 설명해 줄 것이다

길에서 엉기적거리며 걷거나 한여름에 여학교 앞에서 롱 코트를 걸친 이를 본다면, 혹은 당신 옆집과 앞집과 뒷집과 윗집과 아랫집의 가장을 본다면 이 말을 기억해 주길 바란다 아시다시피,

늑대인간은 달과 관련되어 있다

상상동물 이야기 17
— 케르베로스

머리 셋 달린 사나운 개가 저승 문을 지키고 있다 망자가 저승에 이르면 케르베로스는 뱀 대가리가 붙은 꼬리를 치며 망자를 반긴다 하지만 그가 저승 문을 나서려 들면 케르베로스는 세 개의 입으로 으르렁거린다

오늘도 도로 위엔
머리만 남은 개 가죽들이 솟아난다

당신은 시속 백 킬로의 삶을 늦출 수 없다 당신은 돌아올 수 없는 강을 건넜다 그러니 그냥 개꿈을 꾸었다고 생각하는 게 좋을 것이다 당신이 어디에 이르든, 목적지에선 이미 케르베로스가 기다리고 있을 것이므로

상상동물 이야기 4
—미노타우로스

미노타우로스는 황소의 머리에 사람의 몸을 가졌고 미궁에서 살고 젊은 처녀를 잡아먹는다 한 젊은 여자가 황소와 교접하여 그를 낳았다고 하니, 탄생의 경로도 미궁은 미궁이다

인생은 요지경이라고 신신애가 노래했고 인생은 미완성이라고 이진관이 노래했다 미노타우로스는 인생이 미궁이라고 노래한다

어려운 문제를 간신히 풀고 나면 거기에 겨우 소 대가리가 있는 것, 사람들은 사업이 잘 되라고 돼지머리를 제상에 올려놓고 절을 한다 젊음을 탕진하면서 웃는 돼지머리에서 무서운 소머리로 가는 것,

우리는 그걸 너무 많이 보아 왔다

동굴의 역사

1

삼거리 동굴호프에서 그녀를 만났고 그녀와 헤어졌다 사랑은 한여름에도 벽과 천장에서 찬물을 떨어뜨렸다 또 떨어졌어, 진절머리가 나 삼거리였으므로 우리는 함께 들어갔고 각자 나와 제 길을 갔다 동굴은 곧 무너졌다

2

삼수를 한 후에 그녀는 웨이트리스로 취직했고 웨이터와 결혼했다 그녀 목구멍에서 낮고 음울한 메아리가 울렸다 더는 병원에 못 가, 벌써 세 번째야 웨딩드레스는 펑퍼짐했고 그녀는 예뻤다 화장한 얼굴 위로 자꾸 찬물이 떨어졌다

3

그곳에서 두 아이가 나왔고 집이 한 채, 당구장과 PC방이 나왔다 식탐과 학원비, 카드 빚으로 그녀는 방그랗게 부풀어 올랐다 이 배 좀 봐, 삼천 시시는 될 거야 그녀가 웃었다 동굴 속의 그녀가, 멀리서, 희미하게 웃었다

노래하다
— 심장 7

묵묵부답(默默不答)의 음계들을 건너뛴
숨찬 몸이 기댈 난간을 필요로 한다면
들숨을 제 몸에 심고 날숨을 허공에 주어라
참, 생각도 없지 저 빠른 박절(拍節)은
이음줄이나 붙임줄 없이도 한달음에 오르고
김치 국물을 마신 것처럼 열기가
서둘러 얼굴에 후끈할 때 누구의 읊조림인가
없는 난간을 지탱하는 바람의 단단함은
바람이 쓰다듬는 뭉클한 몸만이
현(絃)을 흉내 내어
공명하고 있었을 뿐 그랬을 뿐

상상동물 이야기 13
—몽쌍씨

오누이가 서로를 너무 좋아해서 몰래 부부가 되었다 천제(天帝)가 분노해서 그들을 깊은 산에 가두었다 추위와 굶주림에 지쳐 서로를 안고 죽은 오누이가 다시 살아났는데, 몸이 한데 붙어서 머리가 둘에 팔이 넷이었다 이들의 후손을 몽쌍씨(蒙雙氏)라 부른다

한방을 쓰면, 일가족이 나란히 한데 누우면,
순장(殉葬)이 펄펄 끓는 고대 무덤 속처럼
팔다리가 엉킨다 윗목을 들어 아랫목으로 기울인 것처럼
한곳에서 엉킨다

상상동물 이야기 9
—이무기

용이 못 된 뱀이 이무기란 건 잘 알려진 사실이다 천년을 지상에 몸 붙이고 살아야 날개가 돋는다고 하는데 그 전에 제가 벗은 허물을 거듭 뒤집어쓰는 이가 더 많을 것이다 이를테면 복구자비천고(伏久者飛天高)라 써 붙이고 엎드려 자는 남자들이 지금도 고시원에는 넘쳐 난다 승천한 용은 지상을 떠나지만 비뇨기과에서가 아니라면 제 몸에서 허물벗기가 어디 쉬운 일인가 아무것도 되지 못해서

용용 죽겠다고 말하는 이들이 언제나 더 많은 법이다

상상동물 이야기 7
—켄타우로스

사람들은 켄타우로스를 하반신이 말인 사람이라 부르겠지만 말들은 목 위가 사람인 말이라고 부를 것이다 켄타우로스는 전쟁터에서 태어났다 전쟁은 모든 걸 뒤섞어 놓는다 말에서 사람으로 혹은 사람에서 말로 옮아가는 이 환유는 엉망이거나 진창인 세상을 행진곡풍으로 건너뛴다

당신이 그에게서 말 탄 사람을 보든, 사람 머리를 얹은 말을 보든 전쟁은 상관하지 않는다 조각만 남을 뿐이다 모든 교전(交戰) 혹은 교접(交接)이 그렇다 그가 당신에게서 몸을 빼어 달아난 자리엔 말 대가리만 남는다 혹은 다른 것이, 아주 크고 흉한 그런 것이……

붉은 등

—입술 1

그녀가 내 안에 들어와 붉은 등을 켜 든 날이 있었습니다 잠시 몸 안이 밝아졌다가 이내 어두워지기도 했습니다

마흔 번의 낮과 밤

불혹은 일종의 부록이거나
부록의 일종이다

몸 여기저기 긴 절취선이 나 있다 꼬리를 떼어 낸 자국이다 아무도 따라 흔들리지 않았으므로 몸은 크게 벌린 입처럼 둥글다 제 자신을 다 집어넣을 때까지 점점 커질 것이다 저녁은 그렇게 온다

자다가 깨어날 때에는 꼭 뒤튼 자세다 작은 물길 하나가 여기저기 부딪혀 흘렀다 내 등본은 파이고 깎여 나간 것투성이다 삼각주에 관해서는 말할 것이 없으므로 침대는 먼 데서 날아온 것들로 버석거린다

내 방은 우물이 아니어서 돌을 던져도 아무 소리가 안 난다 새벽은 절취선처럼 온다 일렁이는 빛이 다 물살이다 그걸 마저 뜯어내거나 바닥에 닿으려면 몇십 년을 더 기다려야 한다

■ 작품 해설 ■

연애의 흔적

서동욱

1 연애 시인을 문병하다

권혁웅이 연애 시집을 썼다. 그러니 그것으로 되었다. 연애시를 해설하는 멍청한 짓이 어디 있겠는가? 그것은 마치 데이트 중인 연인들의 내밀한 속삭임을 옆에서 따라다니며 중계하는 것 같은 얼빠진 짓이다. 아름다운 사랑의 시어가 혀에 자꾸 감겨들어 자기의 말과 자기의 연애와 구별될 수 없을 때까지 시와 친해지는 시간, 시집을 손에 든 각자에게 돌아올 내밀한 시간만 있으면 되는 것이다.

그런데 이게 다여도 좋지만, 다가 아닐 수도 있다. 멀쩡하게 잘 생활하던 이가 온몸으로 가장 격렬한 감각들을 통과시키며 사랑의 병을 앓는다면, 그가 왜 이렇게 정신이

나갔는지 궁금하지 않겠는가? 매몰찬 인간이 아니라면, 자신의 온몸을 사용해 생생한 감각들을 수집하는 이 넋빠진 병든 이를 문병해야 옳지 않겠는가? 그러니까 이 글은 '좀 어떠세요? 바르게 살던 양반이 어째 이리 되셨어? 쯧쯧.' 이렇게 시인에게 문병 가서 걱정 반 호기심 반을 섞어 길게 쏟아 내는 주책없는 수다 같은 것이다. 그러니 이런 진심도 밝혀야겠다. 이 수다가 자기만의 시간을 가지면서 우리 시대의 사랑 노래와 조용히 친해지는 일을 끊임없이 방해할 잡음이 될 수도 있다는 불길한 느낌이 드는 이라면, 부디 이 해설을 미리 봉인하시라.

2 감각의 논리

시인은 통념, 도덕, 문법 등등 그 어떤 것에 의해서도 가공되지 않은 '야생적 감각'을 수집하는 일에 몰두한다. 그러기 위해선 무엇이 필요한가? 바로 감각에 응답할 수 있는 것, 바로 '감각들 전체로서의 몸'이다. '공명'이라는 방식으로 몸은 감각들에 대해 응답한다. "심장 근처에도 약음기(弱音器)라는 게 있어서 떨리는 줄을 지그시 누를 수 있으면 좋겠다 서로 다른 선(線)이 공명을 부를 터이니"(34쪽). "바람이 쓰다듬는 뭉클한 몸만이/ 현(絃)을 흉내 내어/ 공명하고 있었을 뿐 그랬을 뿐"(85쪽, 이 글

전체에서 고딕 강조는 인용자의 것.) 이번 시집의 시작 도구인 이런 공명 장치로

서의 몸은 이미 비평가로서 권혁웅이 시에 접근하기 위한 통로로서 발견한 근본 개념이기도 하다. "시인의 몸은 세상의 여러 자극과 정보를 받아들이는 수용기(受容器)이거나 공명통이다."(『미래파』(문학과지성사, 2005), 8쪽. 이하 약호 『미래파』.) 그러니 원초적 감각들에 도달하기 위해 몸을 사용하는 것, 구체적으로 말하면 "신열(身熱)이 내 몸의 고도에/ 등고선 한 줄을 더 적어 넣을 때"(24쪽) 또는 "열기가/ 서둘러 얼굴에 후끈할 때"(85쪽) 몸을 통과하는 그 감각을 포착하는 것이 이 시집의 관건이다.

이렇게 감각의 비밀에 도달하는 작업을 권혁웅은 무엇이라 부르는가? 바로 '감각의 논리'라는 이름으로 부른다. 감각의 논리는 권혁웅이 자신의 비평집 제목으로 고려했을 만큼 시에 대한 그의 사유에서 핵심적인 지위를 차지한다. "처음에는 들뢰즈의 저서 이름을 빌려, 이 책에 '감각의 논리'란 제목을 붙이려 했다."(『미래파』, 8쪽) 시 분석뿐 아니라, 그의 또 다른 주요 관심 대상인 신화 역시 그에게는 감각의 논리를 통해 접근해야만 하는 대상이다. "신화의 논리는 감각의 논리다."(『태초에 사랑이 있었다』(문학동네, 2005), 13쪽. 약호 『태초』.)(뒤에서 보겠지만 이 말은 그 단순한 표현과 반대로 매우 복잡한 내용을 담고 있다.) 도대체 감각의 논리란 무엇인가? 그가

밝히듯 이 개념은 들뢰즈로부터 온 것인데, 들뢰즈의 베이컨론에서 핵심을 차지하는 이 논리는 실은 세잔으로부터 온 것이다.(G. Deleuze, *Francis Bacon: Logique de la sensation*(Éd. de la différence, 1981, Tome. I), 31쪽 참조. 약호 FB.) 감각의 논리는 얼핏 보기엔 형용모순 같은 "비이성적 논리"(FB, 55쪽)라는 말로도 표현된다. 왜 형용모순처럼 보이는가? 서구 사상의 역사 속에서 그리스인들의 말 로고스는 이성, 판단, 개념, 정의, 근거, 관계 등으로 이해되어 왔으며, 이런 로고스에 내재한 법칙을 사람들은 논리라 불러 왔기 때문이다. 그런데 사실 그리스인들은 로고스와는 다른 진리의 원천을 또 하나 가지고 있었는데, 그것이 바로 '아이스테시스(*αἴσθησις*)'다. 이는 어떤 것을 '감각적으로 인지함'이라는 뜻이다. 로고스 또는 이성과는 본성상 다른 진리의 원천인 아이스테시스의 '질서'를 규명하는 것이 감각의 논리이므로, 이는 당연하게도 '비이성적' 논리다. 들뢰즈에게 이 감각의 논리는 구체적으론 '리듬'이다.(FB, 31쪽, 55쪽 참조.) "따라서 궁극적인 것은 바로 리듬과 감각 사이의 관계이다."(FB, 31쪽)

감각의 논리에 늘 몰두해 온 권혁웅의 이번 시집에도 들뢰즈의 '리듬'에 필적하는 감각의 '논리', 아니면 감각들 사이에 성립 가능한 '질서'에 상응하는 것이 있을까? 반드시 있어야만 할 것이다. 왜냐하면 자연적 상태 속에서 우리는 이미 혼돈 상태의 감각들과 더불어 있기 때문에, 이 혼돈을 경험하기 위해서라면 반드시 예술이 필요한 것은 아니기 때문이다. 예술이라는 인위적인 노고의 산물이 이 자연적 상태의 감각들로부터 발견해 내는 것이 있다면, 그것은 바로 우리가 자연 상태 안에 들어 있을 때는 모르는 것, 감각들의 질서일 것이다. 권혁웅은 어떤 질서를, 어떤 감각의 논리를 발견하는가?

실마리는 시집의 첫 쪽부터 주어진다. "몸이 일러주는 순서를 따"(「자서」에서)르는 것이, 권혁웅이 감각들 사이의 질서를 발견하기 위해 채택하는 바다. 감각들이 출현하는 지평이 몸이라면, 그것들의 질서는 몸 안에서 발견될 것이다. 우리는 이 점을 권혁웅 자신의 문장들을 통해서 확인할 수 있을 것이다. "감각이 어떻게 시를 낳는가?"(『미래파』, 8쪽)라는 물음이 그의 근본 화두다. 그런데 이 감각의 소산인 "시가 동일성의 산물이라는 것은 시적 대상이 자아의 변체라는 걸 뜻하는 게 아니다. 그것은 이질적인 대상들〔이질적인 감각들의 집적체〕을 하나의 지평에 놓고 생각한다는 뜻이다."(『미래파』, 17쪽) 감각들의 집적물로서 시는 어떻게 하나의 동일성을 획득하는가? '동일성'은 '논리적 개념'이므로, 이 물음을 우리는 '어떻게 한 편의 시는(또는 시 속의 감각들은) 하나의 논리적 구조를 획득하는가?('감각의 논리의 규명'이라는 과제)'라고 바꾸어 물을 수 있다. 이는 통일적인 의식 같은 동일한 자아에 의해 그렇게 되는 것이 아니다. "대상이 의식의 산출이라고 생각할 때, 흔히 오독이 일어난다."(같은 곳) 이와 달리 시의 동일성은 이질적인 대상들(즉 잡다한 감각들의 덩어리)이 통일적 의식과는 다른 하나의 '지평'에 놓일 때 주어질 수 있다는 것이다. 감각들에게 논리를 부여해 주는 이 지평이 바로 "몸이 일러 주는 순서"다.

감각의 질서(감각의 논리)를 가능하게 해 주는 "몸이 일러 주는 순서"는 실로 다채롭다. 그것은 몸 안에 난 "등고선 한 줄"(24쪽)이며, "동심원 두 개"(61쪽)이기도 하며, "귓바퀴에 말려들었다가, 기어이 빠져나가는 도돌이표들"(67쪽)로 표현되는, 귓바퀴의 구조가 만들어 내는 반복(도돌이표)의 질서이기도 하다. 또한 "탈수기처럼 윙윙대는 몸"(54쪽)에서 '윙윙' 같은 리듬, "마음이……/ 부르르 흔들릴 때"(37쪽)에서 '부르르' 같은 리듬, "숨찬 몸"의 "저 빠른 박절(拍節)"(85쪽) 같은 리듬이 감각들에게 논리를 부여해 주는, 몸 안에 난 규칙이다.(특히 「심장」이라는 부재가 붙은 일곱 편의 시들이 다른 신체 부위를 다루는 시들보다 집중적으로 감각들이 통과하는 몸 안의 질서를 규명하고 있다.)

그런데 권혁웅이 발견하는 감각의 질서 가운데 가장 독특하고 흥미로운 것을 꼽자면, 바로 "몸의 기울기"(46쪽, 77쪽)라고 일컫는 '수리물리학적 질서'다. 문학 작품 속에 들어선 감각들(또는 감각적 대상들)이 서사의 규칙(이야기의 이치)이나 이성적인(즉 비감각적인) 논리적 규칙에 종속되지 않고, 감각만의 고유 규칙으로서 수리물리학적 질서를 가진다는 것을 발견한 대표적 인물은 토머스 하디의 독자로서의 프루스트였다. 프루스트의 화자는 하디의 소설에 대해 이렇게 말한다. "『푸른 눈』에서는 무덤들이 평행으로 늘어서 있고, 배들 역시 평행선을 그리고 있지요. 그리고 두 명의 남자와 그들이 사랑하는 여인의 시체가 실려 있는 열차들은 서로 인접해 있지요. 또 한 남자가 세 명의 여자를 좋아하는 『애인』과 반대로 한 여자가 세 남자를 좋아하는 『푸른 눈』 사이에도 어떤 평행 관계가 있어요."(M. Proust, *À la recherche du temps perdu*(Paris: Gallimard(Pleiade), 1988, Tome. Ⅲ) 878~879쪽) 하디의 소설에서 감각적 대상들의 질서는 서사의 규칙이나 이성적 논리와는 무관하다. 그 감각적 대상의 질서는 '평행선'이라는 수리물리학적 질서에서 온다.

하디의 평행선처럼 감각들의 질서를 수립해 주는 수리물리학적 논리가 권혁웅에게선 바로 '몸의 기울기'다. "각도를 일 도씩 낮추며 원목은 뒤틀려 가고"(78쪽) 같은 구절이 알려 주듯 권혁웅에게 감각 배열의 규칙성은 '각도'상의 기울기 속에서 주어진다. 그렇다면 정녕 궁금한 것은 이런 것이다. 도대체 감각들이 따르는 기울기 속에서 무슨 일이 일어나는가? 몸은 무엇을 향해 기우는가? 몸을 기울게 만드는 것은 바로 '타자'이며, 그래서 기울기 속에서 일어나는 사건이란 타자와의 조우다. “팔다리가 엉킨다 윗목을 들어 아랫목으로 기울인 것처럼”(86쪽) 같은 구절이 명시하듯 몸의 기울기는 다른 이와 팔다리가 엉키게 하는 일을 이루어 내는 것이다. 아마도 다음 구절은 기울기가 이루어 내는 사건을 가장 결정적으로 보여 준다고 할 수 있겠다. “이리저리 떠다니는 계란 노른자처럼 그 사람 쪽으로 중심이 조금 옮겨 가는 일”(64쪽) 몸의 기울기에 따라 계란 노른자처럼 감각들은 한쪽으로 쏠린다. 기울기는 이렇게 타자를 맞이하는 조건이다.(“내 몸의 기울기가/너를 맞을지도”(46쪽)) 감각에 대한 연구인 이 시집이 연애 시집일 수 있는 까닭은 바로 이 때문이다. 감각들의 질서를 만들어 내는 것, 종이 밑에 숨긴 자석처럼, 흩어진 쇳가루 같은 감각들에 형태를 부여해 주는 것, 자전의 축처럼 감각들을 질서 속에서 회전하게 하는 것이 바로 타자다. 연애란 기운 은하수처럼 타자를 향해 밤새 쏟아지는 감각 외에 어떤 다른 것일 수 있겠는가? 그리고 연애시란 타자를 향해 기운 몸의 논리, 감각의 질서의 해명 외에 또 어떤 것일 수 있겠는가?

3 세계수 또는 원형(原型)의 문제

그런데 우리는 권혁웅의 또 다른 중요한 시적 화두 한

가지를 다루지 않을 수 없을 것인데, 이것이 일견 감각의 논리와 모순되어 보이기 때문이다. 최근 시인들 가운데 권혁웅만큼 '신화'에 지대한 관심을 가지는 이도 드물다. 왜 신화에 관심을 가지는가? 신화에 대한 관심은 일단 그의 문학 연구의 발전 과정상 필연적인 결과로 보인다. 출판된 것 가운데 가장 먼저 쓰인 그의 글들을 담은 『한국 현대시의 시작방법 연구』의 근본 관심사는 이런 것이다. "언술로서의 은유, 환유, 제유 이론을 세우고자 하는 것이 이 논문의 주요 목적 가운데 하나이다."(『한국 현대시의……』(깊은샘, 2001), 63쪽) 여기서 관심은 언술의 이 여러 형태들(가령 은유)에 제한된다. 그러나 신화 연구인 『태초에 사랑이 있었다』는 이런 언술 방식들의 발생적 원천으로서 '신화라는 언술'을 발견한다. "신화시대에 자연은 신의 활동이 이루어지는 터전이었다. 이를테면 천둥소리는 분노한 신의 음성이었고 번개는 신의 무기였는데, 이것은 은유가 아니다. (중략) 은유가 수사의 영역에서 확립되면서 이 동일성에 금이 갔다. (중략) 천둥소리는 신의 고성을 '표현'하고 번개는 신의 분노를 '표현'한다. 표현된 것과 표현하는 것 사이에는 틈이 있어서, 어떤 인과성도 허락하지 않는다."(『태초』, 8~9쪽) 신화적 세계 안에 분열이 끼어들면서 '표현된 것'과 '표현하는 것'이 나뉘고, 이 둘을 관계 짓는 언술 방식으로 태어난 것이 은유라는 것이다. 즉 시작 방법에서 다룬 언술 방식의 기원으로 파고들면 거기엔 신화적 언술이 있다.

그런데 이와 구별되는, 보다 본질적인 신화 연구의 동기가 있다. "신화는 우리가 살아가는 것, 그러니까 삶이야말로 진짜 삶의 부분에 지나지 않는다고 말한다." (『태초』, 8쪽). 이 문장에서 앞의 삶은 개인적인 것, 뒤의 삶은 개인을 통해 반복되는 근원적인 보편적 삶을 가리킨다. 권혁웅의 관심은 늘 이 보편적 삶의 틀, '잠정적으로' 원형이라고 불러도 좋을 초개인적인 삶의 밑그림 내지 청사진에 가닿는다. "같은 일이 아들 대에 또 일어난다." (『태초』, 46쪽)라는 말(뒤에 보겠지만 이 말의 뜻은 매우 주의 깊게 이해되어야 한다.)에서 읽을 수 있듯, 그는 개인들의 삶을 통해 반복되는 원형을 추적하는 자로 보인다. 그가 신화에 관심을 가지는 까닭은 신화가 바로 이 원형을 가리켜 보이기 때문이다. 원형에 대한 관심은 그의 시 비평에서도 중심에 놓이는데, 그는 한 시인의 작업을 이렇게 평하기도 했다. "우리가 잃어버렸던 세계의 원형을 복원하려는, 거의 불가능에 가까운 작업을 해내고 있다."(『미래파』, 160쪽)

권혁웅의 관심은 원형이고, 원형은 신화가 간직하고 있다고 할 때, 그가 믿기에 이 원형을 가장 잘 드러내는 신화적 소재는 무엇인가? 아마도 '세계수'일 것이다. 세계수는 세계를 지탱하는 나무다. "세계의 나무는 세월의 풍화작용에도 아랑곳없이 거뜬하게 세계를 지켜

낸다."(『태초』, 188쪽) 어떻게 이 나무는 세계를 지탱하고 지켜 내는가? 바로 인간을 포함한 만물의 '가계'를 자신의 뿌리와 가지를 통해 만들어 내는 방식으로 그렇게 한다. "인간은 나무에서 태어난다. 지상에 뿌리박은 남근에서 인간이 태어난다는 상상은 자연스러운 것이다."(『태초』, 192쪽) 돌에서 태어났다고 믿는 원숭이처럼 자유로운 단독자로의 인간은 실은 자기만의 개성을 지닌 단독자이기보다는 세계수가 표현하는 원형이 취할 수 있는 한 양태, 한 경우일 뿐이다.

이러한, 삶의 원형으로서 세계수(또는 신화)가 노골적으로 첫 두 시집의 뼈대 역할을 한다. 첫 시집은 이 시집의 제목으로까지 채택된 「황금나무 아래서」를 앞부분에 놓고, 「다시, 황금나무 아래서」로 끝난다. 황금나무가 뭐냐고? 이것이 바로 '세계수'다. "황금나무를 본다/ 저 나무는 세계수……"(『황금나무 아래서』(문학세계사, 2001), 12쪽. 약호 『나무』.) 두 번째 시집을 정리하는 마지막 두 편의 시는 「내게는 느티나무가 있다」인데, 곧 언급하겠지만 이 느티나무도 바로 세계수다. 그는 자기가 사는 짧고 유한한 삶을 온통, 보편적인 신화적 원형을 표현하는 세계수를 비추는 환등기 필름처럼 봉헌하고 있는 것이다. 삶은 원형적 세계수(신화가 보여 주는 원형적 삶)가 현실화되는 경우들에 불과하기 때문이다. 황금나무를 기술하는 이런 구절을 보라. "이제 나무에 기대어 나는 내가 꾼 꿈들이/

신화의 어느 먼, 지금은 잊혀진/ 하나의 家系였다고 생각하며"(『나무』, 13쪽) 여기서 '꿈'이나 '신화'는 결코 자의적으로 해석되어서는 안 되며, 시인 자신이 실마리를 제공하듯 캠벨의 관점에서 이해되어야 한다. "캠벨이 말했듯 신화가 집단의 꿈이고 꿈이 개인의 신화라면 시는 그 둘이 접속하는 자리에 놓여 있다. 시는 꿈과 신화를 잇는 현대의 환상이다."(『태초』, 8쪽) 시 안에서 개인의 꿈은 인류의 보편적 가계라 부를 수 있는 신화에 접속한다. 권혁웅에게 세계수는 혈혈단신처럼 살아가는 개개인의 삶의 바탕에 실은 보편적 원형이 놓여 있음을 주장하는 장치다. "내 몸을 온통 물들이는 황금나무"(『나무』, 12쪽), "나무 그림자는 천천히 회전하는 중이다 (중략) 가장 작은 그늘이 나를 따라나온다"(『나무』, 117~118쪽) 등의 구절에서 볼 수 있듯, 개인은 세계수의 그림자 안에, 신화가 알려 주는 원형적 가계도 안에 들어 있다. 개인은 자신이 개성적이라고 착각하지만, 그의 삶의 색깔은 원형적 삶(황금나무)이 물들여 놓은 것일 뿐이다.

두 번째 시집에서도 개인의 삶에 침투한 세계수가 결론의 자리에 놓인다. "느티의 가계에도 내통이라는 게 있지 (중략) 느티는 내게 몸을 기대며 슬쩍 정을 통하지 (중략) 그가 나와 내통할 때/ 내 몸의 물관과 체관을 오르는 게 있지"(『마징가 계보학』(창비, 2005), 126쪽. 약호 『마징가』.) 이렇게 삶은 보편적 원형(느티나무)과 정을 통한 결과물, 즉 원형을 내 몸을 통해 현시한 결과물이다. 수많은 개별적인 삶의 배후에 움직이지 않는 원형이 있다는 것을 시인은 이렇게 확신한다. "느티가 흔드는 건 가지일 뿐/ 제 둥치는 한번도 흔들린 적이 없다"(『마징가』, 124쪽)

이 흔들리지 않는, 그러므로 부동의 원형을 탐구하는 근본적 관심에 비하면, 그의 시집들 외면에 노출된 주제란 얼마나 피상적인가? 『마징가 계보학』은 삼선동 일대의 가난한 삶을, 이번 시집은 연애를 다룬다. 그런데 일견 상관없어 보이는 서로 다른 이 탐구들은 모두 원형에 대한 사고를 표현하고 있다는 데서 동일하다. 『마징가 계보학』을 떠받치는 원형적 틀은, 현대의 '신화'(또는 현대인의 무의식의 설계도)라 할 수 있는 대중문화의 아이콘들(마징가, 배트맨, 요괴인간, 애마부인 등등)이며, 이번 시집에서의 그것은 신화 속의 '상상동물 이야기' 시리즈다.(특히 「상상동물 이야기」 5, 6, 10, 11, 12, 13, 15, 16 참조.) 이 시리즈 외에 사소한 부분에서도 신화적 흔적은 발견되는데, 가령 "그를 배광(背光)으로 두르고 또 두르는 일"(64쪽) 같은 구절을 보라. 이번 시집에서 유일하게 등장하며, 다른 글에서도 권혁웅이 좀처럼 쓰지 않는 '배광'이란 단어는 신화적 유래를 가진다. 그에게 배광이란 신화적 용어로서 "신이한 탄생에 수반되는 배광"(『태초』, 275쪽)인 것이다.

그의 시들이 이렇게 신화적 원형을 채용한다는 사실이

알려 주는 바는 무엇인가? 잠깐 곁가지 삼아 말하자면, 우리는 권혁웅의 시가 비평집 『미래파』에서 옹호하는 일군의 젊은 시인들의 시와는 다른 류의 것이라는 점을 의아해하며 또 재미있어한다. 『미래파』에서 다루는 시와 권혁웅의 시의 차이는 무엇인가? 권혁웅의 시들은 '적어도 외면적으로는' 사람들이 의식적이나 무의식적으로 '공유'하는 원형적 틀(신화, 마징가 시리즈, 애마부인, 상상동물들)을 밑그림 삼아 의미와 감각들을 배치하는 것처럼 보인다. 반면 『미래파』의 시들은 우리가 익숙한 틀에서 일탈하는 의미와 감각들, 랭보라면 '모든 감각들의 무질서'(또는 무질서라는 질서나 불일치의 일치)라 불렀을 것을 드러내고자 한다.(권혁웅은 『미래파』에서 다루는 시인들에 대해 이렇게 말한다. "세대가 바뀌면 그 세대에 통용되던 미학과 세계관이 바뀐다."(『미래파』, 171쪽) 즉 이들의 시에서는 '일탈적 세계관'이 강조되지, 바뀌지 않는 신화적 틀이 강조되지는 않는다.) 이런 까닭에 권혁웅의 시들은 『미래파』에서 다루는 최근 시인들의 시에 비해 안정적이며 덜 급진적인 느낌을 주는 것이다.

이제 하나의 중요한 물음과 맞닥뜨린다. '감각의 논리'와 '신화적 사유'는 어떻게 양립 가능한가? 신화란 '공유되는 선이해'다. 반면 감각의 논리는 앞서 분석했듯, '이해에 앞서는' '경험론적' 법칙, 또는 경험을 받아들이는 심성의 수용력인 감성(sensibility)의 법칙이다. 감각의 논리의 원천은 몸이지 신화가 아니다. 이런 정황 때문에 일견 권혁웅이 모순에 빠진 것처럼 보일 수 있다. 그러나 이 모순은 신화에 대한 그의 독특한 관심을 간과하는 한에서만 모순이다. 신화에 접근할 때 그는 "신화에 숨은 몸의 논리를 분석 대상으로 한다."(『태초』, 14쪽) 이 말이 함축하는 바는 무엇인가? 몸의 감각은 신화적 선이해를 바탕으로 하는 것이 아니라, 몸의 논리(감각의 논리)를 일반화한 표현 또는 집단화한 표현이 신화라는 것이다. 오로지 이런 한에서만 신화는 권혁웅의 관심을 끈다. 논리적 순서상 몸은 신화에 앞서 오고, 신화는 뒤미처 몸의 논리를 확인한다. 가령 「그녀를 먹어 치우다」를 보자. '젖가슴'이라는 부제가 붙은 이 시는 애인의 젖가슴에 대한 탐닉으로 읽어도 좋을 것이다. "그녀를 나는 불편하게, 다 파먹었다"(66쪽)라는 구절은 애인의 젖가슴에 에로틱하게 반응하는 감각의 논리를 드러낸다. '그녀를 먹어 치우는' 방식으로 표현된 몸의 논리(감각의 논리)는 그 자체 신화에 대한 어떤 이해도 필요로 하지 않는다. 다만 반성적으로 우리는 신화 안에서 애인을 먹어 치우는 몸의 논리의 일반성을 확인할 뿐이다. 이렇게 말이다. "사람이 사람을 죽이고 죽는다는 것, 서로 간에 먹고 먹힌다는 것, 이것은 엑스터시의 신화적 표현이다. 사지절단의 신화는 바로 이 엑스터시의 논리, 사랑의 논리를 보여 주는 신화이다. (중략) 그대를 사랑해서 나는 그대의 몸을 접수한다."(『태초』, 301쪽) 즉 애인을 먹는다는 감각의 논리, 개별적 육식 안에서 기능하는 논리를 일반화한 하나의 명칭이 '사지절단의 신화'인 것이다. 이것이 뜻하는 바는 사실 '신화적 원형' 또는 '신화라는 기원'은 존재하지 않는다는 것이다. 이렇게 말해도 좋다면, 신화는 감각의 논리(몸의 논리)에 뒤늦게 첨가되는 가짜 기원일 뿐이다. 또는 데리다 식으로 말하면, 감각의 논리가 성립한 뒤에 '사후적으로' 첨가된 기원일 뿐이다. 따라서 '원형'이라는 말은 그 말 그대로 믿어서는 안 되는 위험한 표현이며, 원형의 신화인 플라톤주의는 자리할 곳이 없다. 이 점을 시인은 "원본이 따로 없으니"(『나무』, 64쪽)라는 말로 명확히 표현했다.

원본이나 전통은 그 말뜻과 모순되게도 그 자체 기원의 자리에 있지 않는다는 점을 토마스 만보다 더 잘 꿰뚫었던 사람도 없을 것이다. 신화, 즉 인류가 직면하는 당대마다 '무한히 반복되는 원형적 이야기'를 다룬 위대한 작품이 토마스 만의 『요셉과 그 형제들』(장지연 옮김, 살림, 2001. 약호 『요셉』.)이다. 그런데 여기서 그는 원형이 기원적 지위를 가지고 반복되는 것이 아니라는 점을 다음과 같은 구절들 속에서 강조한다. "야곱도 구속력 있는 전통의 좋은 점을 실감했다. 그러나 아브라함의 손자는 이렇게 미리 틀이 정해진 똑같은 형태〔에〕 (중략) 만족하기에는 너무도 독창적인 정신의 소유자였다. (중략) 그래서 그는 틀에 박힌 이야기뿐 아니라, 자기가 하고 싶은 대로 자유롭게 말하고 탄식했다."(『요셉』 2, 414쪽) "본받은 자의 체험은 아버지의 그것과 방식이 다르다."(『요셉』 3, 265쪽) 권혁웅의 경우도 마찬가지다. 원형을 본받은 자의 체험은 '순수한' 원형 자체를 통해 설명되지 않는다. 왜냐하면 원형이 따로 있고, 그 원형의 "왜곡과 변형"(『태초』, 14쪽)이 있는 것이 아니라, '그때그때의 왜곡과 변형이 원형이 존립하는 유일무이한 방식 자체'이기 때문이다.

신화가 원형으로 기능하지 않는다는 것을 보다 분명하게는 이렇게 표현할 수 있을 것이다. 권혁웅이 푸코에게서 빌려온 개념 틀 안에서 이야기하자면 원형(신화)과 현실(본받은 자의 체험)의 관계는 유사 관계가 아니라 상사 관계다. "미학에서 하나의 텍스트가 다른 텍스트와 유사 관계에 놓였다는 것은, 하나가 다른 하나의 원본이거나 복사본이라는 뜻이다. (중략) 그러나 상사 관계에 놓인 텍스트들은 다르다. (중략) 하나가 다른 하나의 선행 형식이 아니다."(『미래파』, 128쪽) 즉 상사 관계에는 기원이 없다. 그것은 원본과 파생적인 복사본 사이에서 성립하지 않고, 원본과 복사본 없는 닮은꼴들 사이에서 성립한다. "일자〔원형〕로 환원되지 않는, 일자에 의해 계층화되지 않는 (중략) 이쪽과 저쪽은 서로 닮았다는 점에서 비슷할 뿐이다."(『미래파』, 352쪽) 신화의 텍스트와 현실의 텍스트의 관계도 이와 마찬가지다.

가령 이 시집의 신화인 「상상동물 이야기」는 어느 것 하나 원형으로(따라서 참된 모범으로, 그러므로 진리로)기능하지 않는다. 오히려 그것은 몸의 논리를 표현하는 수사적 기재로 기능한다. 가령 용이 되기 위해 뱀이 허물 벗는 일은 고작 비뇨기과의 포경수술과 상사 관계에 놓이면서 희화된다.(87쪽 참조.) 여기에 권혁웅의 모든 신화적 시들의 비밀이 있다. 신화가 진리로서 기능하지 못하는 지점, 신화가 희화되는 방식으로, 부차적 치장거리로 전락하는 지점에서 그의 시들은 언어를 기존의 진리와 의미의 질서, 관념적 원형으로부터 떼어 놓는다. 언어는 '원형을 모욕하는 방식을 통해' 이미 있어 온 의미와 질서에서 해방되며, 그 언어와 더불어 우리도 그렇게 된다.(그리고 이런 해방 외에 우리가 문학에서 무엇을 바랄 수 있겠는가?) 그렇다면 세계수의 가계에 충실하지 않아도 될까? 앞서 인용했듯 토마스 만은 야곱에 대해 이렇게 말한다. "미리 틀이 정해진 똑같은 형태〔신화〕에 만족하기에는 너무도 독창적인 정신의 소유자였다." 권혁웅에게도 미리 정해진 세계수의 가계에 전적으로 수동적으로 귀속하는 일은 일어나지 않는다. 이렇게 말이다. "내 가계에 관해서는 내게/ 맡길 일이다"(『나무』, 37쪽) 가계는 그 자체 원천으로 존재한 적이 없고, 그것을 떠맡는 '나'가 수행하는 변형 속에서만 원형으로 존립한다. 가계를 떠맡는 이 '나'란 누구인가? 그것은 의식도 인격도,

원형을 왜곡 없이 복사하는 전통의 적자(嫡子)도 아니라, 바로 감각의 논리를 수립하는 하나의 몸이다. 결국 가계, 세계수, 신화는 몸이 만들어 내는 감각의 논리에 맡겨져 있다.

4 흔적

신화는 감각의 논리를 일반화하는 장치다. 그런 점에서, 설령 신화가 감각의 논리를 발견하기 위한 용이한 지침서가 되어 준다 하더라도, 일차적인 것은 감각의 논리, 또는 감각의 논리의 지평으로서 몸이다. 권혁웅에게 감각의 논리의 근본적 형태는 '몸의 기울기'라 표현된 것이며, "온몸의 제대로근이/ 너를 향해 풀어질지도"(46쪽)라는 구절이 알려 주듯, 중력처럼 내 몸의 기울기를 만드는 것은 '너', 바로 타자다. 그리고 타자에게 기운 이 몸이 겪는 일을, 우리는 잘 알려진 표현에 따라 '연애'라 부른다. 그렇다면 몸의 이 기울기를 따라 배열된 감각들, 즉 감각의 질서를 궁극적인 한계에까지 따라가 보자. 이 한계란 감각의 논리의 좌절이라기보다는 감각의 논리가 모습을 갖추도록 해 주는 최종 지점일 것이다. 보다 우리에게 익숙한 용어로 쓰자면, 그것은 모든 감각이 가장 선명한 모습으로 제자리를 찾는 연애의 궁극적 지점을 일컬을 것이다.

그 어떤 것도 한계 없이 모습을 갖추진 못한다. 이런 구절을 보자. "제가 그은 밑줄 속에 무안(無顔)을/ 숨겨 두는 것"(69쪽) 여기서 무안, 즉 부끄러워 얼굴 보이지 못함 또는 보일 얼굴이 없음, 그러므로 '모습 없는 것(얼굴 없는 것)'은 '밑줄'이라는 한계 또는 윤곽 속에서만 출현한다. 한계를 명시하는 이런 선들은 시집 도처에 그어져 있다. "실금"(21쪽, 58쪽, 79쪽), "코 밑에 기다란 틈"(36쪽), "어깨를 타고 앉은 저 가는 선"(47쪽) 등등. 그런데 몸의 기울기의 한계 지점이라 할 수 있는 이런 선들은 도대체 어떤 본성을 지녔는가? 그것은 무엇을 나타내는 흔적인가? 감각의 논리 또는 몸의 기울기를 지배하는 이 흔적은 타자의 출현 방식이 만들어 낸 자국이다. 당연히 그럴 수밖에 없는데, 앞서 보았듯 몸의 기울기는 타자(더 구체적으로는 애인)에 의해 발생하기 때문이다. 더 정확히 말해 이 흔적은 "누군가 적어 넣은 게 있었나"(19쪽)라는 물음이 역설적으로 답을 해 주듯 타자가 만들어 낸 선, 타자가 적어 넣은 흔적이다.

그런데 타자의 출현 방식을 나타내는 이 흔적의 실상은 참담하기 그지없다. 그것은 "고인 물 사라진 자리에 남은 얼룩처럼"(17쪽) 타자(애인)의 사라짐, 부재를 나타내는 실패의 흔적이기 때문이다. 그 흔적은 애인에 대한 "목측(目測)을 가로막는 목책"(22쪽)이며, "그가 없는데도/

물 풍선처럼 터지는 향기”(33쪽)이고, 부재하는 자의 “입술 자국”이다. “원샷을 끝낸/ 유리컵만 남을 것이다 보이지 않는/ 입술 자국만 남을 것이다”(78쪽) 흔적이란 “그예 모퉁이를 돌아간”(35쪽) 자의 사라짐의 표식, 애인이 없어졌다는 뼈아픈 선고이다. 그런데 권혁웅의 연애시에서 특이한 점은 이 부재의 흔적이 애인과 만나는 일의 실패 기록이 아니라, 바로 애인과 만나기 위한 유일무이한 방식이라는 점이다. 사실 부재를 통해 역설적으로 애인을 만나는 방식은 첫 시집에서부터 시인의 관심을 사로잡았다. “이제 빗살이 당신과 그 사람 사이에/ 어떤 간격을 만들어 놓았는지 궁금하다면 (중략) 저 부재에 주파수를 맞춰 보라/ 그러면 당신은 오래된 라디오처럼 잡음이 많은/ 그 사람의 목소리를 들을 수 있을 것이다”(『나무』, 11쪽) 간격 때문에 생겨난 ‘부재’가 오히려 그 사람의 목소리를 내게 건네준다. 도대체 이런 사태를 어떻게 이해해야 할까? 흔적이 우리에게 알게 해 주는 바는 무엇인가?

> 저 많은 가슴들을 벗어 놓고
> 그녀가 어디로 갔는지는 묻지 마라
> (중략)
> 그 여자를 만질 수 있다고 생각하지 마라
>
> —「수국」에서

수국(水菊)을 가리키는 “저 많은 가슴들”이라는 흔적은 타자를 결코 만질 수 없다는 것, 즉 어떤 방식으로도 타자는 나의 ‘소유’가 될 수 없다는 것을 알려 준다. 타자, 즉 애인이 있던 부재의 자리에는 오로지 무심한 바람만이 자리할 뿐이다.(“그 사람이 오래된 타일처럼 떨어져 나갔다/ 대신에 그곳을 바람이 들고 난다”(14쪽)) 애인은 손에 쥘 수만 없는 것이 아니다. “그의 말은 휘갈겨 쓴 난문이었다”(59쪽) 즉 그는 읽을 수 없고 파악할 수 없기에, ‘인식의 실패를 통해서만’ 접근할 수 있다. 애인은 “발을 뻗어도 손을 저어도 닿지 않는 깊이”(48쪽)를 가진 자, 즉 ‘이해의 영역을 넘어서 있는 자’이다. 그런데 어떻게, 이렇듯 타자는 소유될 수도 인식될 수도 없음을 나타내는 징표인 ‘흔적’이 역설적이게도 오히려 타자를 만나게 해 준단 말인가? 레비나스는 이 흔적의 수수께끼를 설명하기 위해 완전범죄를 예로 든 바 있다. “흔적의 진정한 의미는, 완전범죄를 이루려고 고심하면서 자신의 흔적을 지우고자 했던 자가 남긴 자국 속에서 나타난다.”(E. Levinas, *En découvrant l’existence avec Husserl et Heidegger*(Paris: J. Vrin, 1982), 200쪽. 약호 DEHH.) 범죄 현장엔 시체와 흉기 등 온갖 흔적들이 있다. 완전 범죄는 범인을 결코 포획할 수 없는 실패의 사건이다. 그러므로 이 흔적들은 타자(범인)가 영영 사라졌다는 표식이 아닌가? 그런데 역설적이게도 타자를 붙잡을 수 있는 모든 가능성이

실패했다는 것을 가르치는 이 흔적들이 그 타자와 우리가 만나는 유일무이한 방식이다. 이렇게 말해도 좋다면 우리는 늘 우리의 손에 잡히지 않는 것으로서만, 이미 달아난 범인 같은 '과거'로서만 타자와 만나는 것이다. 권혁웅이 애인의 흔적에 대해 이렇게 말할 때 알 수 있듯이 말이다. "언젠가 한 번은 네가 이곳을 지나쳐 갔다"(35쪽) 이 구절과 동일한 울림을 가진 문장 속에서 레비나스는, 결코 어떤 식으로도 되돌릴 수 없다는 점에서 흔적 속에서 영영 사라진 타자를 "기억되지 않는 과거"(DEHH, 198쪽)라 불렀다. 흔적을 더듬는 자는 '늘 뒤늦게 오는 자'이며, 같은 의미에서 애인은 '늘 이미 사라진 자', 즉 잃어버린 과거이다. 애인은 "땅 끝을 찾아가 데려온 여자처럼 고개를 돌리면/ 사라지는 것"(16쪽)이다. 권혁웅의 연애시들이 애조 띤 안타까움을 담고 있는 까닭은 바로 애인을 놓쳐 버린 실패의 흔적에 대한 몰두가, 즉 되돌릴 수 없고 가질 수 없는 것에 대한 몰두가 애인과 만나는 유일무이한 방식인 까닭이다. 이 괴로운 몰두는 중지할 수가 없다. 왜냐하면 레비나스가 말하듯 애인이란 흔적 속에서 "자기를 내주기를 거부하는 가운데 자기를 주는 자"(E. Levinas, *Noms propres*(Paris: Fata morgana, 1976), 154쪽)이기 때문이다.

시럽처럼 흘러 다니는 달걀이 모습을 갖추기 위해 안에서 껍질의 내피와 부딪치듯, 이 흔적을 하나의 마지막 한계로 좇으면서, 권혁웅의 감각의 논리, 몸의 기울기의 논리는 완성된다. 결국 감각들이란 애인의 흔적이라는 초점에 모여든 빛줄기들 같은 것이라는 점에서 감각의 논리는 곧 사랑의 논리인 것이다. 그렇기에 보편 법칙으로서 감각의 논리를 공부하는 논리학자는 이렇게 결론을 내린다. "어디나 사랑의 길 아닌 것이 없다."(『태초』, 15쪽)

그런데 마지막으로 우리를 궁금하게 하는 것은 이런 것이다. 애인을 놓치는 방식으로만 애인과 관계할 수 있는 이런 백전백패의 운명이 사랑의 본질이라면, 사랑은 과연 좋은 것인가? 프루스트의 저 질투 많은 주인공처럼 늘 너무 많은 돈을 주면서도 애인이 자기 것이 되지 않을까 봐 괴로워해야 하는가? 사르트르가 「머지않아 어느 날」을 작곡한 검고 짙은 눈썹의 미국인에 대해 말하듯, 자기가 원하는 대로 자기를 생각해 주지 않는 한 여자가 늘 있기 마련이다. 아마도 바로 이래서 연애란 좋은 것이리라. 내가 원하는 바, 내 욕심에 매개되는 자(이것을 우리는 내 욕심을 실현하는 '도구'라 부른다.)가 아닌 것, 오히려 내 바람이나 욕심으로부터 끝없이 달아남으로써 나의 힘을 무화하는 자가 애인이다. 나의 욕심이라는 목적을 '위해서' 수단으로 매개되는 일 없이 출현하는 자란, 바로 다른 무엇도 아닌 '그 자체가 목적인 자'이다. 이것이 깨닫게 해 주는 것은 무엇인가?

연애란 처음도 끝도 발전도 지향점도 없는 삶, 무기물

들의 반복되는 조합과 분해처럼 무지몽매한 삶 안에 '궁극 목적'이라는 예외적인 낱말이 들어올 수 있도록 해주는 기적 같은 사건이라는 것이다. 이 목적을 향해 몸 안의 감각들은 살아나고, 기다림이라는 희망의 형식이 생겨나며, '내일엔? 또 그다음 내일엔 네가 찾아올까? 다음 생에도 널 만나게 될까?' 같은 물음이 머릿속에서 뭉게뭉게 피어나는 가운데, '도래할 미래'가, 그러므로 오늘이나 10년이나 100년 같은 유한성 속에서 끝나지 않을 생이, 인간에게 생겨난다.

(시인·문학평론가)

지은이 권혁웅

1967년 충주에서 태어났다. 1996년《중앙일보》신춘문예(평론)와 1997년《문예중앙》신인문학상(시)으로 등단했으며 시집 『황금나무 아래서』와 『마징가 계보학』이 있다. 현대시동인상, 시민협회 젊은 시민상을 수상했으며 현재 한양여대 문창과 교수로 재직 중이다.

그 얼굴에 입술을 대다

1판 1쇄 펴냄 2007년 10월 5일
1판 4쇄 펴냄 2024년 1월 23일

지은이 권혁웅
발행인 박근섭, 박상준
펴낸곳 (주)민음사

출판등록 1966. 5. 19. (제16-490호)
서울특별시 강남구 도산대로1길 62(신사동)
강남출판문화센터 5층 (06027)
대표전화 02-515-2000 / 팩시밀리 02-515-2007
www.minumsa.com

ISBN 978-89-374-0758-1 (03810)

* 이 시집은 2007년 한국문화예술위원회 문예진흥기금 지원을 받았습니다.
* 잘못 만들어진 책은 구입처에서 교환해 드립니다.